화선지에 그린 집

화선지에 그린 집

민정희 시집

문학공원

詩集을 내면서

이웃들의 영혼이 치료되길 바라며

옛날에 어머니가 하시던 말씀이 다 詩라 생각하고, 어머니 품 속에서 詩를 먹고 자란 저는 자연스럽게 詩를 쓰게 되었습니다. 이렇게 또 詩集을 내게 되어서 가슴 뭉클합니다. 한 많고 힘든 세상에 삶 자체가 전부 詩가 아니던가요?

그동안 외롭고 쓸쓸할 때면 詩가 항상 내 곁에 있어주었습니다. 혼자서 詩를 꾸물닥꾸물닥하고 있다가 이러면 안 될 것 같아서, 산에다 들에다 詩集을 지어보기도 했습니다. 그런데 이렇게 손으로 들고 다닐 수 있는 詩集을 내게 되어서 가슴 뭉클합니다.

요즘 사람들은 詩를 잘 읽지 않는다고 말을 합니다. 한번 읽어 보세요. 힐링이 많이 되실 겁니다. 어느 정도 나이가 들면 마음에 드는 시집 하나 정도는 가지고 계시는 것도 삶에 활력소가 되실 겁니다. 특히 閔貞熙 시집과 인연을 한번 맺어보세요. 가까운 곳에 오랜 친구기 사는 듯 괜찮을 겁니다.

쓰레기통에서도 꽃을 피울 수 있는 게 詩라고 생각해보고, 마음속에서도 꽃을 피울 수 있는 것이 詩라고 생각해본다면, 詩는 사람한테 없어서는 안 되는 힐링의 공원이라 생각합니다. 앞으로 더욱더 독자들에게 사랑받는 시인이 되도록 부단히 노력하겠습니다. 많은 사랑 부탁드립니다.

이 詩集이 나오기기까지 저를 아는 모든 분께 감사드립니다. 특별히 수고가 많으셨던 김순진 교수님과 문학공원 관계자 여러 분들께도 감사드립니다. 수고 많으셨습니다. 사랑합니다.

코로나19바이러스가 창궐하는 2020년 봄입니다. 많이 힘드시지요? 많이 답답하시지요? 제 시집으로 이웃들의 영혼이 치료되기를 바래봅니다.

2020년 봄

閔貞熙 배상

차례

1부

시인의 들국화

설레임 13
西五陵의 단풍 14
한참 걸었더니 17
詩人의 들국화 18
덕대산에서 함박산을 망보다 20
길 23
시골 아침 24
눈길 26
바람의 언덕에서 30
화선지에 그린 집 32
젊은 청년의 눈물 34

2부

사하라사막에 내리는 눈

삶	41
사하라사막에 내리는 눈	42
시린 하늘에 저 태양	44
이 세상 왔다가	46
죽음보다 더 슬픈 날	48
산사에 내리는 비	51
백일장	52
삼각산 아래 불광천	56
그나마 다행이지	57
꽃비 내리는 날	59
얼굴	63

3부

청보리밭

2月의 큰 아픔	66
청보리밭	69
수양버들	70
명자꽃	72
벚꽃터미널	74
봄비	75
4월의 봄	77
향기에 취하면	78
내 마음의 꽃	83
배롱나무꽃	84
어설픈 날씨	85
우리는 똥창생	86
패랭이꽃	88
임 마중	91
소낙비	92

4부

어머니의 부엌

어머니의 부엌 94
그 손 96
등물 치러 가던 날 98
그 선배는 지금 100
어머니의 5월 8일 103
엄마 해 넘어갈라 캅니더 107
하늘 평수 적은 산골의 추억 108
父母의 마음 110
고향에서 만나자 114
어머니의 세월 116
어머니의 날씨 118
칠 남매의 맏이 119
구배기 마을 120

발문 - 김순진
자연친화적 시, 그 그윽한 우물 122

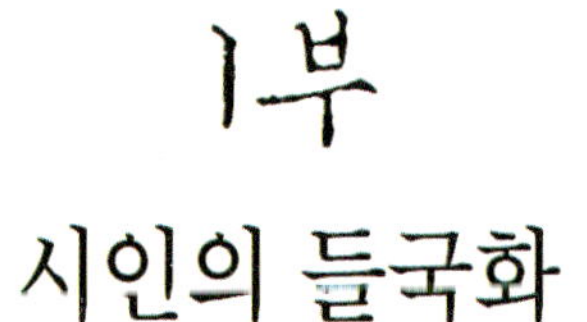

1부

시인의 들국화

설레임

꽃바람에 새끼손가락 걸고
두근두근 설레임으로 마중나간다

새끼손가락에 봉선화 물들여놓고
하얀 반달이 나올 때까지 기다리면
첫사랑이 찾아온다더니
하얀 반달 첫사랑에게서 전화가 왔다

하늘에서 구름사다리 타고
조심조심 내려오고 있다고
어서 가서 설레임을 만나 봐야지

* 초등학교 동기들 하고 밀양 정승골에서 네잎클로버 손목시계 만들어 손에 걸고 설레임 만져보던 날.

西五陵의 단풍

고즈넉한 西五陵의 단풍 길을
단풍신 갈아신고 조용조용 걸어본다

그 발걸음 어느새
고운 단풍 곁으로 다가간다

나는 어느새 눈부시도록 고운 단풍
왕비의 옷을 입고 서 있다

지고지순함을 앞세우고
우아하게 걸어본다

그 아름다움을 폰카메라에 담느느라
시간 가는 줄 몰랐다

해 저무는 줄 모르고 있다가
서오능에서 잠들 뻔했다

한참 걸었더니

한참 걸었더니 배가 고프다
눈앞에 보이는 비둘기 먹이에
배고픔이 더해
입맛 다셔진다
무얼 저렇게 맛있게 먹는지
출출함이 더한다

잡초 마른 자리에는
먹을거리가 많은가 보다
내가 떠난 자리에는
무엇이 남을까
집터는 사라져도
아마 그리움이 남겠지

詩人의 들국화

詩人의 움막 뜰에 핀 들국화를
한 바구니 따가라신다

꽃잎편지 받아본 지 한참인데
삭풍(朔風)에 다 시들어버렸겠다

접어둔 꽃잎편지는 다행이
피어오름을 머금고 시들지 않았네

국화차 만들어 詩人의 바구니에 담아
움막으로 배달가도 괜찮겠다

* 밀양시 초동면 대구말 박희익 시인의 움막 뜰에 핀 들국화를 보고

덕대산에서 함박산을 망보다

거기 원시림이 편안하게 쉬고 있는 함박산이 있습니다
흙길을 밟으며 걷는 길
야생화를 만나면서 걷는 길
누군가 매달아 놓은 길모퉁이의 종
종을 치고 편안한 마음으로
올라가라는 메시지네요

굴바위를 만나기 위해 올라가는 모습이 힘들었는지
소나무가 쉬어가라며 등을 내어줍니다
군데군데 기다렸다가 손잡아주는 고마운 친구들입니다

굴바위 냉장고에는 라면 물 커피 등
깔끔하게 잘 정돈된 비상 식품들이 있어
오가는 사람들의 목마름을 달래줍니다

굴 바위와 돌탑은
우리의 건강지킴이입니다

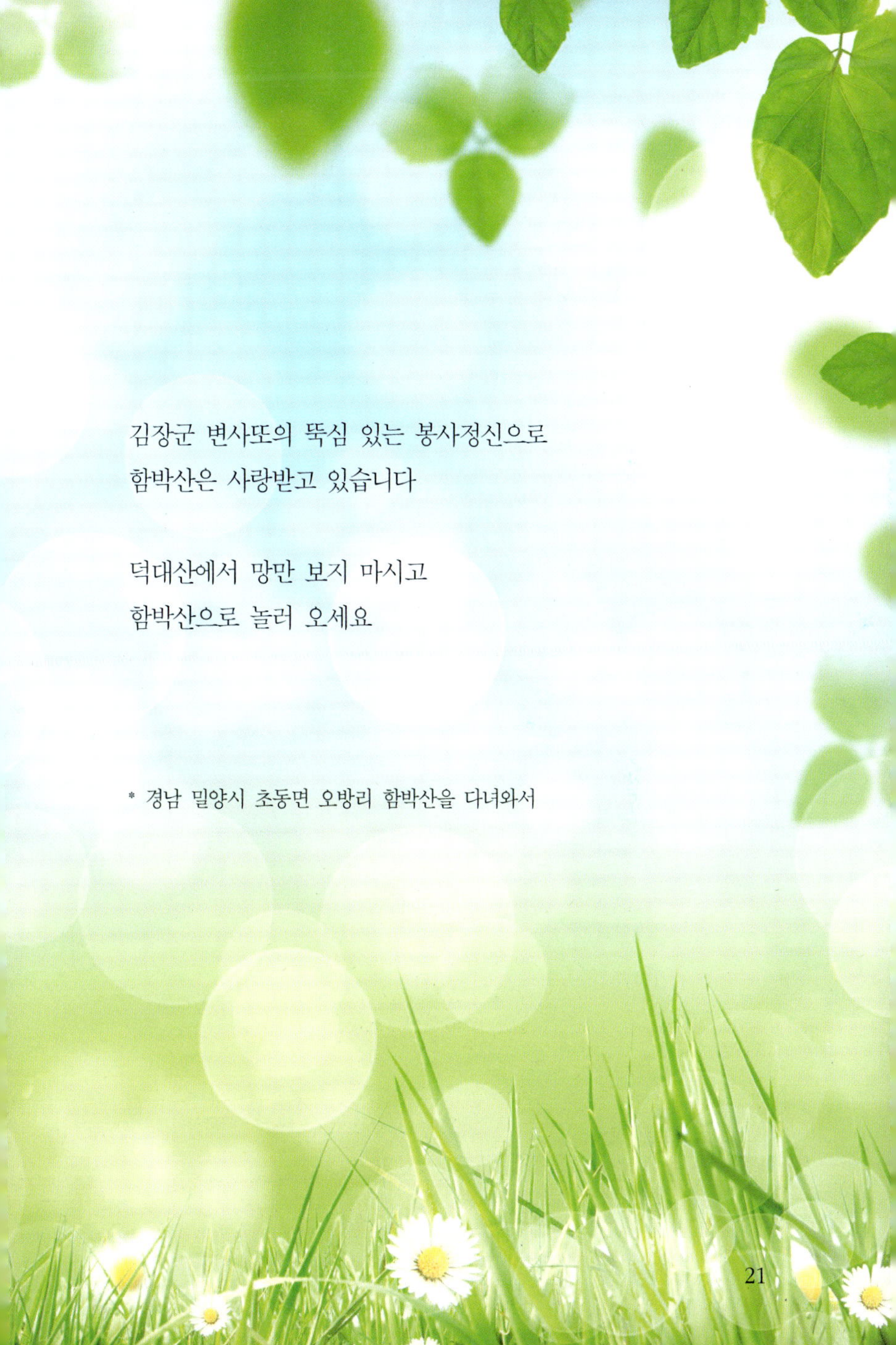

김장군 변사또의 뚝심 있는 봉사정신으로
함박산은 사랑받고 있습니다

덕대산에서 망만 보지 마시고
함박산으로 놀러 오세요

* 경남 밀양시 초동면 오방리 함박산을 다녀와서

길

좁고 짧은 길이지만
사람들이 많이 다니면
큰길이요

넓고 긴 길이라 할지라도
사람들이 많이 안 다니면
작은 길이다

시골 아침

새들이 깃털을 털며
새벽을 깨우면 첫닭이 운다
굴뚝연기 피어오르고
나는 푸시시 일어나 하품을 하며
뒷산 숲으로 늦잠을 자러 간다
겨우내 외양간에 두었던 행각소리
문밖을 나서면 소발굽소리에
긴 잠에서 깨어난 들길
산자락 안개 속에서도
파란 풀잎이 자라고
개천가 버드나무 가지에 앉았던 새때
뒤주에 쌀 푸는 소리가 들리는
나지막한 초가집 앞마당으로 날아간다

* 2015年 4月 월간 〈문학저널〉 통권 137호.

福
福

눈길

초가집 앞마당 고욤나무 가지엔
회색빛 하늘이 앉아있고
편백나무 숲 사이로 하얀 바람 불면
밭이랑 마른 풀잎이 파르르 떤다
대문 앞 텃밭에 드문드문 서 있는
수숫대는 하늘만 바라보고
산 너머에 두고 온 정겨운 목소리
등 뒤에 놓고 간 풍경
산자락 굽은 길 눈 속에 묻어두고
말없이 따라 오던 발자국 찾으며
걸어가고 있다

* 2015年 월간 〈문학저널〉 통권 137호

바람의 언덕에서

바람의 언덕은
전국의 바람이 다 모여
살고 있는 바람의 집성촌이다

바람의 언덕에 올라서면
머리카락부터 춤을 추기 시작한다

몸도 비틀비틀 날아갈 듯
쓰러질 듯한데
자연바람은 나더러 춤을 춰보라 한다

뒤로 보면 앞을 보라 하고
앞을 보면 뒤를 보라 한다

왜 바람의 언덕인줄 제대로
보여주는 거제도의 바람이다

바람도 피울 줄도 모르고
바람의 언덕에서

오로지 거제 바다만 지키는
해병대 바람이다

* 거제도 바람의 언더을 다녀와서

화선지에 그린 집

화선지에 집을 짓는다
마당귀퉁이 감나무 대추나무 사이에
서너 줄긋고 빨래를 넌다
붉게 타는 한낮 태양은
텃밭 고추를 빨갛게 달구었다
밭둑 너머엔 시냇물 흐르고
물오리 날아와 헤엄치며 논다
송사리 떼 하루 내내 개천을 오르내렸다
지붕 위로 어둠이 앉으면
그림 속에 없는 풀벌레소리 들렸다
마당 흔들의자에 앉아 밤하늘의
별을 새는 여인의 얼굴은
내방 거울 속에서 행복하게 웃고 있다

* 2015年 월간 〈문학저널〉 통권 137호

젊은 청년의 눈물

젊은 청년의 눈물을
찾으러 가야만 한다

하늘에서 땅에서 바다에서
수없이 흘린 눈물

이 세상 어딘가에 있을
젊은 청년의 눈물을 찾으려 가야만 한다

삶의 현장에서 남모르게 흘린 눈물을
어이 모르는 척 하고 있겠는가

눈물대신 행복을 눈물대신 사랑을
찾아서 꼭 돌려주고 싶다

2부

사하라사막에 내리는 눈

삶

구석구석 눈물이라
슬픔이 가득한 사람

구석구석 행복이라
웃음꽃 가득한 사람

세상만사가 고르지는 않아
눈물 반 웃음 반으로

허기진 고독을 밟으며
살아가는 인생

보듬어 주고 아껴 주며 사랑하여
이별 없고 눈물 없는

그런 세상 만들어
살아봤으면 좋겠다

사하라사막에 내리는 눈

地球의 탄식에
갈 곳 없어 나 여기 왔노라
북대서양 지나
유럽 고기압을 타고

영(嶺)을 넘고 강을 건너 사하라사막으로
지구를 떠날려니 자금(資金)이 없고
갈 곳이 없어 여기까지 왔노라

수천 년 모래에 뒤덮인 열사의 땅에
흰 장미꽃으로 피어나서

모래성에 장미꽃 피우고
열사의 집에서 함께 살면서

삼라만상(森羅萬象)이 피어나는
인생의 사하라사막에 나 왔노라

시린 하늘에 저 태양

내 마음 시린 날에
저 하늘마저 울고 있네
시린 하늘에 저 태양
오늘 저녁 산골 들녘에서
달과 함께 놀다 갔으면 좋겠다
하늘 평수가 적은
두메산골이지만
달 같은 하얀 박이 초가지붕에서
환하게 길 밝혀 줄 거야
해가 서쪽에서 뜨면 어떠냐
그렇게 서두르지 말고
놀다 가거라

이 세상 왔다가

이 세상에
소풍 왔다 간다는
천상병 선생님의 글도 좋고

이 세상에
괜히 왔다 간다는
중광스님의 글도 좋은데

이 세상에
울고 왔다 울고 간다는
민정희의 글은 어떤지요

죽음보다 더 슬픈 날

먹구름 가득하여
금방이라도 비가
막 쏟아질 것 같은 날씨다
바람마저 세차게 불어
낙엽마저 떨어져
하나둘씩 바람에 흩날리던 날이다

머리는 산발한 데다
추운 줄도 모르고
버스 정류장에서 울고 있을 때
나 때문에 버스 한 대 보내고
또 한 대를 보냈다며

왜 그렇게 울고 있느냐는
그분의 말씀이 멍멍하게 들릴 뿐
소용없는 일이었다

감당 못할 슬픔
감당 못할 한숨과 흐느낌을
낙엽 속에 묻어놓고
무작정 걸어본다

미치면 어때
죽음보다 더 슬픈 날

사람이
한순간에 미칠 수도 있다는 현실이
무섭기만 하다

산사에 내리는 비

적막한 산사에
비도 참 조용히도 내린다

뭔지도 모르는 분위기가
가슴에 스며든다

비에 젖어 퍼지는
흙냄새가 심오(深奧)하다

어디에선가
얌전한 비 앞세우고

님이 올 것만 같아서
가슴 두근두근 마중나와 있다

백일장

초등학교 5학년 때부터
어설프게 시를 쓰기 시작했다
사실은 백일장의 의미도 제대로
모르는 채 글을 쓰기 시작했다

시장이라는 제목을 가지고
백일장에서 최우수상을 받았다
최용렬 선생님께서
'그래 시는 그렇게 쓰는 거야'라고 하셨다

시골 시장은 오일장이라서
할머님께서 십리길 수산장에를
이고 들고 다시는 걸 보고
그 현실을 적어서 상을 받았는 것 같다

그 시를 방송까지 하라고 하셔서 조금은 떨렸지만
선생님 시키는 대로 방송을 했다

방송실은 그때 처음 가봤다
신기함과 동시에 기분 좋았다

그때 당시 교실마다 스피커가 다 설치되어 있어
전교생이 다 들을 수 있었다
방송 잘 하더라는 소리에
뭐가 뭔지도 모르고 기분이 우쭐우쭐 했다

아마 그때부터 나의 시쓰기가 시작되었던 것 같다

* 내가 다닌 밀양초동초등학교는 유구한 역사와 전통을 자랑하는 명문학교다.

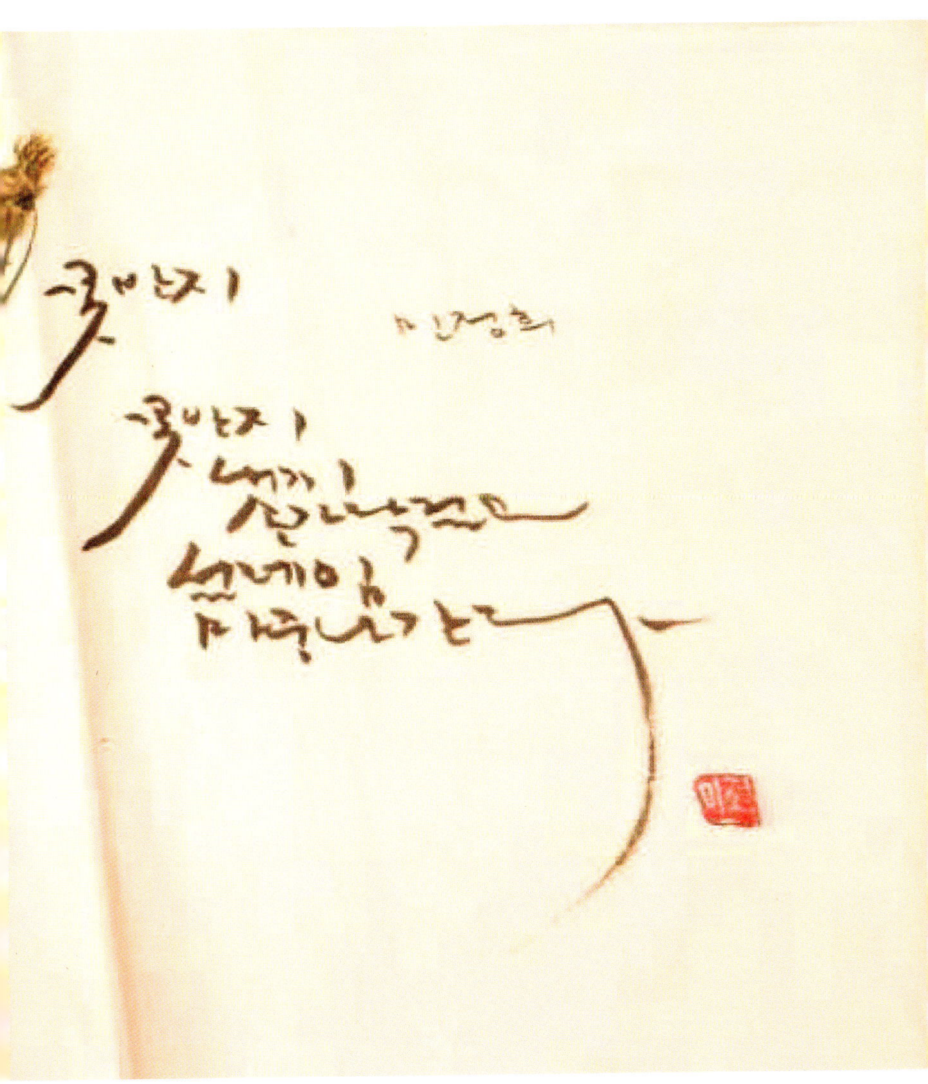
꽃반지
꽃반지

삼각산 아래 불광천

삼각산 세 봉우리의
물줄기를 이어 받은 불광천
무성한 잡초 길을
구불구불 돌고 돌아 걸었던 지난 세월
50년 인고의 세월을 지난 지금
청명한 하늘 아래 길게 뻗은 산언덕
와산교에서 바라본다
노래하는 분수대가 춤을 추고
해담는다리 햇살 가득 담아 빛나고
꽃다리 향기 은은하여 좋구나
정자에 나그네 콧노래 소리 흥겨워
비둘기 날아들고
여울여울 흐르는 물에
오리떼 한가롭게 노닐고
고운 산책로길 강아지풀 한들한들
인사가 즐겁고 시방천지가 활기찬
불광천은 한강의 젖줄이어라

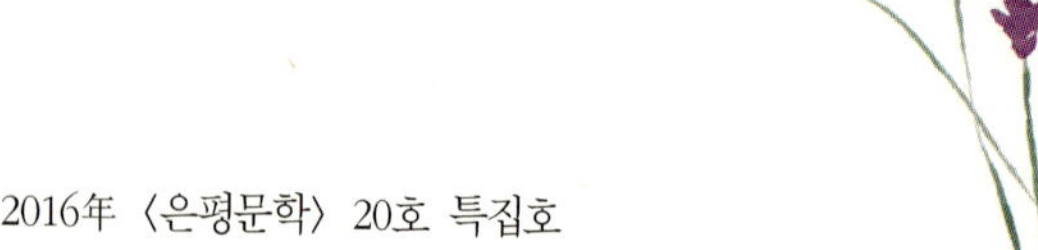
* 2016年 〈은평문학〉 20호 특집호

그나마 다행이지

그나마 다행이다

마스크로 코 입만
막고 다니는 것도 힘든데

만약에
눈 귀까지 막고 다니라고 한다면
참으로 비참한 현실이 될 것이다

그나마 다행이라 생각하고
국가재난 위기 코로나19 바이러스를
끝까지 잘 이겨내

평화로운 대한민국이 되었으면

꽃비 내리는 날

떨어지는 꽃잎
살며시 받아서
풀잎 위에 얹혀놓고
피어나는 풀 향기 모아
뿌려주고 싶어라

김유정 단편소설

얼굴
봄 길 따라 찾아온
친구 얼굴 보고 나니
봄 꽃 다 본 듯하네
2018.8.13. 시인 민정희
211-1

얼굴

봄길 따라 찾아온

친구 얼굴 보고 나니

봄꽃 다 본 듯하네

3부

청보리밭

2月의 큰 아픔

그리움으로 가득 찬 2月의 길목에서
복수초가 울고 있네요

끊어져버린 봄의 길목에서
갈길 잃어 울고 있네요

차오름 그리움으로 가득 찬
나는 어떻게 하나요

무서운
코
로
나
1
9
바이러스 앞에서

떨고 있는 움트는 새싹들
그 애처로움 어떻게 하나요
사계절이 변해가고
위대한 대자연이 무너져가고

사계절을 잘 지키지 못한
그 안타까움이

2月의 큰 아픔이다

청보리밭

청말띠 가시나들이
고향에서 청보리밭을 만났습니다

초록 물결
설레임 물결

넘실거리는 청보리밭을
청말띠 가시나들이
헤엄쳐 가네요

넓고 넓은 청보리밭에
끝없는 고향 하늘이 드리우고
신비롭기만 한 고향은 포근합니다

말이 필요 없는 풍경
청보리 예쁨을 닮은

청말띠 가시나들이
가장 멋진 모습을 즐기고 있네요

* 밀양 벌미 앞 들판에서

수양버들

먹물 머금고
축 늘어진 수양버들
도포자락 붙들고 춤을 춘다
붓놀림이 예사롭지 않다
바람 부는 대로 척척
물결치는 대로 척척
붓 닿는 곳마다 척척이다
펄럭이는 도포자락을
춤추며 그려낸 작품에는
여인의 웃음이 가득하다

명자꽃

내 친구 뜨락에 핀
명자꽃 소식 전해오면
가슴 두근두근
마음 설레인다

나의 오막살이집에도
명자꽃 심어놓고
가슴 두근두근
설레는 마음 전해보련다

벚꽃터미널

화계사 십 리 벚꽃길
벚꽃천지에 갔더니
벚꽃이 나를 와락 끌어안는다

고맙다 벚꽃
사랑한다 벚꽃
나도 무진장 너를 좋아한다

좋은 날 좋은 벗으로
오랫동안 봤으면 좋겠다
나는 벚꽃의 말을 쉬지 않고 따라했다

봄비

봄비 내리는 날이면
소녀는 마음이 설레인다
우산 받쳐 들고 설레임 앞세우고
신작로 길을 무작정 걷는다
찾아올 사람도 없는데
버스정류장에서 서성거린다
행여나 첫사랑 버스가 지나갈까봐
손 흔들며 버스 따라 마냥 걷는다
비바람 불어와 우산이 찢어져도
자갈이 튕겨와 내 발등을 내려쳐도
흙탕물이 치맛자락에 꽃잎 물들여도
봄비 내리는 날이면 소녀는 마음 설레인다
그 사람 탄 버스가 지나갈까봐
행여나 첫사랑이 찾아올까봐

4월의 봄

초동골 도노포 저수지에
삼재워 두었던 꽃잎편지가
첫사랑을 만나
4월의 봄에 천년화로
활짝 피어났다

향기에 취하면

꿀벌은
꽃향기 풀향기에
아무리 취해도
집은 잘 찾아간다

술꾼은
막걸리에 소주에
아무리 독한 술에 취해도
집은 잘 찾아간다

사람은
이상향에 한번만 취하면
바람이 나서
아예 집을 나와버린다

내 마음의 꽃

봄은 찾아와
꽃은 피었지만
내 마음의 꽃은
아직 저 멀리 있구나

언제 피려나
내 마음의 꽃
소리 없이 부는 바람에게
보고픈 마음 전해볼까

이 봄이 가기 전에
내 곁에서 꽃피워 달라고
내가 떠나기 전에
돌아와 달라고

배롱나무꽃

비에 젖은 배롱나무 꽃이
배롱배롱 하네요

내리는 비도 덩달아
배롱배롱 하고요

너도 나도 덩달아
배롱배롱 하네요

어설픈 날씨

날씨마저 꾸물꾸물
비가 억수로 쏟아질듯 말듯
의심스러운 날씨에

을미생 초등학교 동기들이
읍숙도를 지나면서
중얼중얼 하는 말

을미생하고
비슷한 을숙도라네
을미생 친구들
을매나 좋응교

우리는 똥창생

60대 똥창생 가시나들이
오랜만에 고향에 와가지고
비가 부슬부슬 오는데
어데 갈 끼라고 난리다

구찌배니는 뻘겋게 발라 가지고
무작정 나가보자 한다
신작로 길을 걸으면서
꽃까지 꺾어 머리에 꽂고
한번 미쳐보자고 한다

아지랑이는 가물가물거리고
꽃은 피어 만발해 있제
우째 안 미칠끼고
너무 좋으면 미치는 기라

이럴 때 삼돌이와 땡칠이가
머리에 뽀마드 기름 바르고
흰 양말에 검정 구두신고 나타나면
더 미칠낀데

허허허허 허허
허허허허 허허
이런 기분에 젖어 드는 걸 보면
우리는 틀림없는 똥창생들인 기라

패랭이꽃

겨울 강 언덕에
홀로 핀 패랭이꽃
추운 줄도 모르고
어찌 홀로 피어있나

봄이 오면
다시 만나자 해놓고
그 약속 너무 길어
그리움이 사무쳤나

행여나 하고 기다렸던 너나
행여나 하고 찾아온 나나
꿈같은 사랑
애절한 사랑 앞에 무릎을 꿇는다

임 마중

꽃피는 춘삼월도
고무신 춘삼이도

개나리 꽃향기
괴나리봇짐에다
꽁꽁 묶어 메고
임 마중 나간다

바람도 살랑살랑
아지랑이도 살랑살랑
내 마음도 살랑살랑

이러다가 개나리 꽃향기
다 날아 가버리겠다
임도 만나기 전에

소낙비

소낙비야 내려라
내리고 싶으면 내려라
내가 다 받아줄게

부딪혀서 흘러내리고 싶으냐
젖어서 흘러내리고 싶으냐
내리고 싶으면 내려라
내가 다 받아줄게

어수선한 산길에
처연한 울부짖음의 메아리도
웃고 울고 웃는다

소낙비야 내려라
내리고 싶으면 내려라
내가 다 받아줄게

4부

어머니의 부엌

어머니의 부엌

닭이 울어 쌌는다
빨리 일어나야지

아이구 허리야
부엌에 가야 될 낀데
와 이레 컴컴하노

성냥도 어데 났준는지 모르겠고
부지깽이도 어데 났준는지도
때꺼리가 있는지 없는지도 모르겠다

밥 할 낀 데 나무가 있는지
없는지도 모르겠다

머시 정신이 하나도 없노
언제 한번 이런 거다
챙겨놓고 살아볼꼬

밥 안치야 되는데 나무가
촉촉해 가지고 불이 잘 안 붙는다

이 너무 연기 때문에 눈이 따가봐서
죽겠다 부지깽이로 저었더만
이제야 불이 쪼께이 붙네

부지깽이도 같이 타들어간다 우짜고
그때 그 시즐 어머님 고생 엄청
우리 어머님 고생 엄청했심더

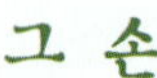

그 손

그 손이 누구의 손이겠어요
우리 어매의 투박한 손이지요

왔는가 하시며 손잡아주시던
우리 어머님의 투박한 그 손을

지금은 만져볼 수도 없는 현실 앞에
생각하면 생각할수록
그리움이 사무쳐 못 살겠습니더

그 세월을 어떻게 살아오셨는지
모르겠습니더

천둥 번개가 쳐도
억수장마가 쏟아져도

하늘을 덮어 잠재우시든
어머님의 투박한 그 손을

어찌 잊을 수가 있겠닌교
보고 싶어요 어머니
사랑합니더 어머니

투박한 그 손의 진가를 인정받아
진품명품으로 당첨되었심더

등물 치러 가던 날

동네 언니들 따라
건너편 또랑에 등물 치러 갔었다
그것도 겁도 없이 반딧불 오가는 무서운 밤에
언니들이 가자해서 따라갔었지만
겁은 많이 났다

옷을 다 벗어 바위 위에 올려놓고
마음 놓고 등물 치고 있었는데
킥 킥 하는 소리에 소름 끼쳐
빨리 옷을 입으려니 옷이 없었다

선녀와 나무꾼 흉내를 내고
도망가고 없었던 남자들이
누군지 아직까지 모른다

그래도 옷만 감추고 도망간
착한 나무꾼이라서 다행이지
아이구 큰일 날 뻔했었지

* 경남 밀양 초동면 모선동 앞 밀양 박씨 제실 앞 또랑에서 있었던 추억은 아직까지 생생하게 남아 따라다닌다.

그 선배는 지금

초등핵교 때나 중핵고 때 나
성숙함은 물론이고 인기가 많아
나를 모르면 간첩이라고 할 정도로
사랑을 많이 받고 자랐지요

누가 거짓말이라고 할 사람
아무도 없을 거다
그게 사실이니까

그러다 보니 바로 위에
선배가 나를 사랑한다면서
무척이나 나를 쫓아다녔는데

그러다 갑자기 내가 반응을 보였더니
하는 말이 기가 막혔다
니 내 좋아하나
낸 니 하고 결혼은 몬한다

얼굴이 커서
화장품값 많이 들어가서 몬한다
그 말이 정말 웃겨버렸어요

누가 결혼하자고 했나
히히
그래도 한번은 만나보고 싶다

* 밀양초동 중핵고 때 러브스토리입니다.

어머니의 5월 8일

어디 갔다 오닌교
아들이 내일 온다케사서 머
쪼께이 사가지고 온다고
수산장에 갔다 온다
저거도 묵고 살기 힘들낀데
오지 마라케사도 온다카네

우리 아들은 미리 왔다 갔다
꽃 달아주고 용돈도 주고 갔다 아인교

내 사마 가슴에 꽃 달고 좋아사서
동네 한 바쿠 바람시고 온다 아인교
이래가지고 며칠씩 달고 다니다가
테레비 옆에 꽂아놓고
계속 본다 아인교

아까본끼로 초동띠기 소리도 들리사코
이바구소리가 시끄럽더만은
뭐라케샀턴교

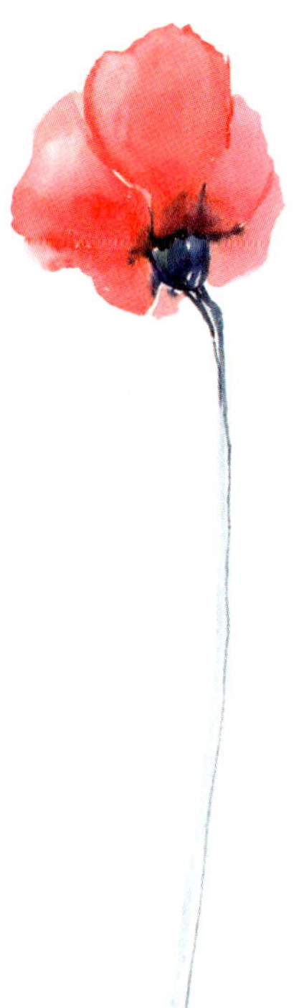

작년 어버이날
초동띠기 며느리가 세상에
시어머니한테는 이십만 원 주놓고
저거 친정엄마한테는 오십만 원 줬다고 그래샀더라

아이구마 나는 아무것도 필요 없고
저거 아무 탈 없이 건강하게 잘 사는기
부모한테 효도하는 기라고
맨날 케사도 때만 되면 뭐 자꾸 사다 주샀는다

그래서 초동띠기는 좀 섭섭한갑더라
그라고 본끼로 우리 며느리는 마음 섬섬이가 참 착한 기라

무슨 날이 닥쳐오면
아들하고 의논해가지고 또 같이 한다카더라 얼마나 고맙노

어르신 오늘 같은날 꽃도 하나 안 달고 다니십니꺼

마 괜찮다
그거 안 달고 다닌다고
방금 죽지는 않는다
조금 쓸쓸할 뿐이지
내가 별로 해준 것도 없는데 뭐

* 5월 8일 어버이날에 있었던 실화.

엄마 해 넘어갈라 캅니더

아버지는 지게 지고 나가시고
동생은 소 먹이러 가더니
해 넘어갈라 카는 줄도
모르고 있나 안 오신다
땅거미 지는 소리가
내 마음을 울리는데
소고삐 놓쳤나
지게를 못 찾으시나
반딧불 앞세우고 마중 나가볼까
해 넘어갈라 카는데

하늘 평수 적은 산골의 추억

地下 50층에서 끌어올린
추억의 보따리를 풀어보련다

그때 그 시절에는
간식거리가 먼지도 모르고
언니들이 먹으면 나도 같이 따라 먹었다
이거 먹어도 되느냐, 하면서

자연이 내어주는 먹거리는
탈이 없었다

수정 고드름 따먹고
장독대 하얀 밥 걷어먹던 날은
여름을 통째로 마시던 날이었다

따뜻한 구들목에 옹기종기 모여 앉아
고구마 동치미 먹던 겨울은
봄을 통째로 마시던 날이었고

곳간에 감홍시까지 몰래 훔쳐 먹었더니
아이구 배 불러라 꺼억! 히히

우리 할매한테 들키면 큰일 나는데
쥐가 다 먹었다고 해야지 뭐

깜부기 따먹고 새까맣게 되어버린 입술을
아카시아 꽃잎 따 입에 물어 감추고

언니가 씹던 껌 얻어 씹다
벽에 붙여놓았던 껌 떼어 다시 씹고
아쉬워하던 나날들

송진 껌 만들어 입에 넣고
송홧가루 날리는 솔밭 길을 걷는 동안
기쁨이 산처럼 구름처럼 밀려와

산골의 추억은 어느새
50층 박물관을 짓고 있었다

父母의 마음

자식이 잘 되는 길이라면
父母는 개똥밭에 굴러도
괜찮다고 한다

자식이 잘 되는 길이라면
부모는 천 길 낭떠러지를
무서워하지 않는다

자식이 잘 되는 길이라면
부모는 사흘 굶어도
힘이 세다

이것이 모든 父母의 마음
여자는 약하나
어머니는 강하다

고향에서 만나자

덕대산 허리에 매어놓았던 추억 풀어 잡고
고을 돌고 돌아도 끊어지지 않는 추억들

송아지 풀 뜯고 말밤 따먹으며 놀던
잊을 수 없는 초동못

목청 높여 반겨주는 까치 울음소리
정겨운 동네 꼭두새벽 정화수 떠놓고

초라한 삼배옷 이슬 적시며 자식들 성공 빌어주시던
흰 머리가 눈물겨운 우리 어매

지금은 볼 수 없는 안타까움
그리움으로 곱게 피어오르는데

가슴 깊이 잠들어 있는 어매 품속에서
뿌리내린 인연 고이 이어가며

구수한 된장 익어 가는 꽁보리밥
그리운 고향에서 여정의 짐 내려놓고
니캉 내캉 회포에 잠겨 보제이

* 경남 밀양시 초동면 초동공원 민정희 詩碑

어머니의 세월

안 보이시더만은 나왔닌교
살살 한 번 안 나와보나

온천지가 자꾸 아파사서 얄궂다
그래도 자꾸 움직이셔야 됩니더

나이 묵어니까 힘도 없고
머시 멋대로 안 된다

자식들한테 폐 끼칠까 봐 그게 걱정인기라
아이고 여태껏 죽도록 고생만 하셔놓고 무슨 말씀인교

돈 나놓고 뭐 하실란교
병원도 가보시고 맛있는 것도 사잡숫고 하이소

한 부모는 열 자식 거둘 수 있지만
열 자식은 한 부모님을 못 모신다 안카딘교

맞제 요즘 세상이 그렇다 카더라
마 잠자다 가는 기 큰 복이라 케삿터만은

머라 카십니꺼 요즘은 팔십도 청춘인기라요
우짜든 간에 몸 생각 단디 하이쇼

몸 아프면 내만 스러운기라요
마 우리 아들이 내한테 잘한다
여태껏 고생했다고

어머니의 날씨

머시 올 낀 갑다
머시 시꺼무 쭉쭉하노

바람이 분다
어제보다 더 많이 분다

마음이 우째 뒤숭숭 하노
머시 올 낀 갑다

칠남매 맏이

부모님 밑에서 나온 우리가 칠 남매였던가
한 이불 덮고 이리 당기고 저리 당기고
살 때가 그래도 좋았지
그렇지 않는가

먼저 태어나서 맏이가 되어
제일 위지만 조금 미안하네
너희들한테 별로 잘 해준 게 없으니까
1순위 자리는 내 놓을게

요즘 세상살이가 다 그렇다네
그렇지만 부모님이 정해주신
인륜의 순위는 잊지 말아다오
그리고 사회질서 윤리도덕은 잘 지켜주길 바라마

집안에선 똑똑이
바깥에선 바보가 되지 않았으면 좋겠다
그때 부모님 밑에서
한 이불 덮고 살 때를 잊지 말아다오

구배기 마을

두산 허리에 장대 걸고
빨래 늘어놓으면
햇빛 바람 멋쟁이도
쉬어가는 구배기 마을

언제나 나를 반겨줘서 고마운데
그때 그 사람 없는 빈집에는
모과만 집을 지키고 있었다

적막이 감도는 그리움이 감도는
빈집 댓돌에 내려앉은 먼지가
쉬었다 가란다

흔적을 남기고
아쉬움을 남기고
터벅터벅 내려오는
발걸음은 무거웠다

* 밀양 구배기 마을에서

<발문>

자연친화적 시, 그 그윽한 우물

김 순 진(문학평론가 · 고려대 평생교육원 교수)

민정희 시인의 시는 자연스럽다. 우리는 자연스럽다는 말을 자주 한다. 자연스러움은 어떤 것일까? 자연이란 말의 한자를 살펴보면 스스로 자(自) 그럴 연(然)이다. 스스로 그러하다. 스스로 그러한 상태는 어떤 상태일까? 인위적이지 않은 상태일 것 같다. 꾸미지 않고, 덧칠하지 않고, 뭔가 사람의 손길이 닿지 않은 상태가 자연이 아닐까? 숲으로 들어가면 우리는 편안함을 느낀다. 스스로의 생로병사를 인정하고 스스로 살고 있는 숲, 그래서 우리는 그 숲에 들어가면 어머니의 품속 같은 느낌을 받는다. 새소리 물소리 들리고, 나무향기 풀향기가 코끝에 밀려오면, 우리는 코를 벌름거리며 나도 모르게 어깨를 펼쳐 '아, 좋다!'를 연발하게 된다.

민정희 시인의 시집을 읽으면서 나는 나도 모르게 코끝을 벌름거리며 '아, 좋다!'를 연발하게 된다. 자연이라는 말을 위키백과 사전에서 찾아보니 대략 다섯 가지의 의미가 나온다. "1. 인간의 영향이 미치지 않은 그대로의 현상과 그에 따른 물질, 2. 산, 바다, 호수와 같은 자연 환경, 3. 사람을 제외한 자연물 모두, 4.

사람을 포함한 하늘과 땅, 우주 만물, 5. 인위적이지 않은 행동이나 현상"이 그것이다.

앞서 위키백과사전에서 자연의 첫 번째의 정의 "1.인간의 영향이 미치지 않은 그대로의 현상과 그에 따른 물질"을 민정희 시인은 자연의 중심 뜻으로 이해한다. 그는 자연을 좋아한다. 특히 인간의 영향이 미치지 않은 자연을 좋아한다. 그래서 그는 자주 고향인 밀양에 가서 머문다. 서울에서 밀양은 천릿길이다. 그가 왜 자주 그 먼 밀양에 내려가는 것일까. 밀양에 가면 시인 스스로가 자연 상태가 됨을 느끼기 때문이다.

두 번째의 자연, 즉 민 시인이 태어나고 자란 "2. 산, 바다, 호수와 같은 자연 환경"이 편안해지기 때문에 자주 가게 되는 것이다. 고향에서는 모두 자연이 된다. 길도 자연스럽고, 집도 자연스럽고, 친구들도 자연스럽고, 이웃들도 자연스럽다. 먹을거리도 자연스러워지며, 언어까지도 자연스러워져서 친구들을 만나면 자연스레 웃게 된다. 그래서 자연에 가까운 말, 즉 사투리나 욕이 입에서 튀어나오게 되는 것이다.

세 번째의 자연에 대한 정의는 "3. 사람을 제외한 자연물 모두"라고 나와 있다. 사람은 자연에 속하지 않는다는 말이다. 그런데 나는 이 말에 반기를 든다. 적어도 민정희 시인에게 있어서만은 사람도 자연에 속한다. 민정희 시인은 먹는 것에서부터 입는 것, 생각하는 것 자체가 자연의 일부 같다. 그가 고향에 갤러리 카페를 꾸며놓고 사는 이유는 자연과 더욱 친하고 싶어서다.

그래서 그는 네 번째의 자연에 대한 정의 즉, "4. 사람을 포함한 하늘과 땅, 우주 만물"을 우리들에게 확인시켜준다. 많은 사람들은 자연은 인간이 마음대로 해도 되는 줄 안다. 마음대로 산을 깎아 길을 내고, 집을 짓고, 스키장을 만든다. 자연은 즉각 화를 내지은 않지만, 인간이 자연에게 위해한 조건이라는 것을 안다. 그래서 폭우나 태풍 때면 인간은 그들이 해놓은 일들을 징계 받게 되는 것이다.

따라서 그는 다섯 번째 정의 "5. 인위적이지 않은 행동이나 현상"을 범하지 않으려고 애쓴다. 자연은 우리와의 동행이지, 함부로 할 대상이 아니란 것을 민정희 시인은 잘 알고 있다. 그의 시는 대부분 자연친화적인 시들로 이루어져 있다. 그는 이 시집에서 인간의 생로병사를 노래하긴 했지만 모두 자연을 통해 인연을 만나며, 자연을 통해 반성하고, 자연에게 배움을 체득한다.

이 시집은 크게 4부로 나뉘어져 있다. 1부는 현대인들의 삶을 노래한 시로 짜여 있다. 현대인들은 자꾸만 개인주의화되고 폐쇄화되는 경향이 있다. 대인기피증이 날로 심화되어가고 외부의 만남이나 면대면 소통을 배제 한 채, 또래문화나 집단문화는 소멸되어가고 개인주의문화가 발달하고 있다. 이른바 혼밥, 혼술 등으로 통하는 혼자놀기는 이제 이 시대에서 트랜드화된 지 오래다. 그래서 발표력은 떨어지고, 사람을 만나면 어떻게 대화를 이끌어나가야 할지 모르는 사람들이 늘어나고 있다. 그런데 민정희 시인은 또래문화, 집단문화의 장점을 잘 알고 있다. 유기적인 관계의 확장은 또래문화, 고장문화, 씨족문화로부터 견고해진다는 것을 민정희 시인은 시 내부에 은연 중에 밑그림처럼 깔아놓는다.

2부는 자신의 마음을 노래한 시로 구성되어 있다. "내 마음은 호수요 그대 노 저어오오."라는, 「파초」 라는 시로 유명한 김동

명 시인 시는 가곡으로도 널리 알려져 있다. 시인들에게 시를 쓰는 이유를 물으니 많은 시인들이 '시는 자기구원'이라고 대답했다고 한다. 종교인들이야 예수님, 부처님 앞에 나아가 무릎을 꿇고 앉아 반성과 회계를 한다지만 일반인들은 자 좀처럼 기반성의 시간을 가지기 어렵다. 반면 내 마음이 호수가 될 때까지 갈고 닦는 방법이 시라 할 수 있을 것 같다. 그래서 민정희 시인은 반성과 성찰의 방법으로 시를 쓴다.

3부는 자연을 노래한 시로 기획되어 있다. 앞서 자연에 대하여 장구하게 설명하였지만, 자연은 인간에게 가장 큰 스승이다. 더 많이 가지지도 덜 가지지도 않고 딱 자기의 수고만큼 꽃과 열매를 가지는 절제와 가을이 되면 여름내 키운 나뭇잎을 내려놓고 동안거에 드는 반성의 시간, 그리고 자연에서 나서 자연으로 돌아가는 회귀에까지 민정희 시인은 자연으로부터 나서 자연을 통하여 성장하고 자연에게 배우는 감사의 시간을 시로부터 가지고 있는 것이다.

4부는 어머니와 가족, 친구, 선배 등에 대한 시로 시집의 후미를 장식하고 있다. 민정희 시인이 어머니, 가족, 친구, 선배 등의 시제를 써서 시를 구성하고 있는 것은 큰 소나무가 씨앗을 떨어뜨려 어린 묘목을 기르고, 가문비나무가 자작나무의 존재를 용인하고, 해바라기가 채송화를 위해하지 않는 이치다. 숲의 고마움은 아무리 해도 지나치지 않은 것처럼 어머니나 고향의 고마움은 아무리 해도 지나치지 않다. 민정희 시인은 그것을 안다. 물이 위로부터 자연스럽게 흐르듯, 부모님께서 자기에게 아가페적 사랑을 내려주신 것처럼, 자신도 가족이나 친구들에게 물 흐르듯

사랑을 베풀고 싶은 것이다.

자연은 마르지 않는 우물이다. 끊임없이 생장하고 소멸을 거듭하면서 그들의 필요한 딱 그만큼의 영역만을 가지며 서로 먹이사슬로 유기적인 관계로 살아간다. 빗물은 적당히 저장되어서 서로 나누어 마시며 재생산의 토대가 된다. 민정희 시인의 시는 마르지 않는 우물이다. 끊임없이 생장하고 소멸을 거듭하면서 우리가 고향을 잃어버리지 않을 만큼, 딱 그만큼의 영역만으로도 충분히 우리를 고향과 자연으로 안내한다. 그리고 이웃사랑이 마르지 않는 우물로서의 역할을 다한다.

우리가 어릴 적 6,70년대에는 동네마다 우물이 있었다. 집집마다 우물을 가지고 있는 것이 아니라 동네에 몇 개의 두레박우물이 있었다. 간혹 샘물이 건천으로 흘러나오는 옹달샘도 있었다. 그런 우물에는 두레박이나 표주박이 놓여 있었고, 그 우물은 누구나 마실 수 있는 우물이라, 지금처럼 물을 사먹게 되리라고는 상상조차 할 수 없었다.

우물가에서 우리네 아낙들은 빨래를 하고, 반찬거리와 쌀을 씻곤 했다. 우물은 가정의 대소사를 나누는 소통의 공간이었다. 우물은 남편이나 시어머니를 흉보는 공간이었다. 그래서 지금처럼 이웃을 모르는 채 문을 닫고 살아가는 폐쇄적 환경에서의 생기는 우울증 같은 것이 있는 사람은 볼 수가 없었다. 우물가는 동네의 신문 같은 역할을 해주었다. 누가 애를 낳았다는 반가운 소식에서부터, 아무개네 집의 시집 간 딸이 어렵게 산다며 '안됐다'며 동정을 보내는 소통의 공간이 되어주었다.

우물가에 나가면 절기가 언제라든지, 설 추석 명절이 며칠이라

든지 하는 소식을 들을 수 있었다. 올해는 윤달이 들어서 평소에는 하지 말아야 할 일을 윤달에 할 수 있으니 이사나 집고치는 일 등을 해결했다. 내 이름이 우리 집의 이름 '순진이네'가 된 것처럼 새로 태어난 아기의 이름이 그 집의 이름이 되기도 했지만, 가끔 '콩새네, 뭉갭이네, 찔찔이네' 같은 아이들의 별명이 그 집의 이름이 되기도 하고, '꺽다리네, 뚱땡이네, 비실이네' 같은 외모가 그 집의 이름이 되기도 했으며, '비로도네, 베니네, 뾰쪽구두네' 같이 여자들의 옷, 화장품, 신발 등도 남들보다 특색이 있다 싶으면 그 집의 이름이 되었는데 그것은 대부분 우물가 여인들의 입에서 명명되었다. 그런데 민정희 시인은 시는 우물과 같아서 "어머니, 친구들, 동창생, 선배, 동생들" 같은 사람의 이름을 명명하고, "단풍, 눈길, 들국화, 청보리밭, 수양버들, 명자꽃, 배롱나무꽃, 패랭이꽃, 덕대산, 함박산, 구배기 마을" 같은 "자연을 명명하며, 젊은 청년의 눈물, 사하라사막에 내리는 눈, 죽음보다 더 슬픈 날, 산사에 내리는 비 같은" 마음을 명명하여 그 깊은 마음의 우물 속으로부터 길어 올린다.

민정희 시인의 시는 고향 동네 가운데 있었던 우물 같다. 민정희 시인의 시는 누구라도 퍼마실 수 있는 우물, 길가는 나그네에게 아낌없이 주는 한 바가지의 샘물 같다. 우물 속에는 물김치를 만들어 플라스틱 통에 담아 매달아두기도 했다. 가끔 수박을 담가두기도 했으며, 우물을 들여다보면 자주 해와 달, 구름이 들어와 놀기도 했다. 민 시인의 시는 자주 해와 달이 들어와 노는 우물 같다. 민 시인의 맑은 시집, 그 그윽한 우물에 들어가 붕어처럼 유유히 헤엄쳐 보실 것을 권해드린다.

이 도서의 국립중앙도서관 출판예정도서목록(CIP)은 서지정보유통지원시스템 홈페이지(http://seoji.nl.go.kr)와 국가자료종합목록 구축시스템(http://kolis-net.nl.go.kr)에서 이용하실 수 있습니다.

(CIP제어번호 : CIP2020012302)

민정희 시집

화선지에 그린 집

초판인쇄일 2020년 4월 10일
초판발행일 2020년 4월 15일

지은이 : 민정희
발행인 : 김순진
편집장 : 전하라
디자인 : 김초롱
펴낸곳 : 문학공원
등 록 : 2004년 3월 9일 제6-706호
주 소 : 우편번호 03382 서울 은평구 통일로 633
녹번오피스텔 501호 스토리문학사
전 화 : 02-2234-1666
팩 스 : 02-2236-1666
홈페이지 : http://cafe.daum.net/yob51
이메일 : 4615562@hanmail.net

※ 책값은 뒤표지에 있습니다.